prendendo com a natureza

Animais da Amazônia

texto
Sueli Angelo Furlan
Sylvia Sonksen Milko

ilustrações
Geraldo Moura Filho

Editora
HORIZONTE

Prefácio

Defendemos aquilo que amamos. Como amar aquilo que não conhecemos? A natureza é bela e também útil. Seria impossível viver sem as plantas e os animais que nos rodeiam. Nossa relação é de dependência e inspiração. Para aprender a amar, usar com cuidado e defender a conservação ambiental, precisamos conhecer. Por isso, este livro procura apresentar aos brasileiros alguns animais que são símbolos da Amazônia. Aqueles que podemos dizer que são a nossa pátria. Conhecê-los é uma aventura prazeirosa! Venha conosco aprender um pouco sobre aqueles que fazem parte desse que é um dos mais importantes biomas brasileiros. Faça bom proveito deste guia de campo e de sala de aula.

Sumário

- **8** Somos muito ricos
- **9** Ícones
- **10** Fauna diversa
- **12** Animais (por ordem alfabética)
- **30** Qual o tamanho da floresta?
- **31** Ameaças à Amazônia
- **32** Vocações da Amazônia
- **33** Não se engane!
- **34** Bibliografia

Somos muito ricos

A biodiversidade é uma das grandes riquezas do Brasil

Mesmo sem conhecer todas as plantas e animais do Brasil os pesquisadores sabem que só na Amazônia existem 40 mil espécies de plantas, 427 de mamíferos, 1.294 de aves, 378 de répteis e 427 de anfíbios. Se parece pouco, pense nos milhares de insetos, vermes e bactérias que não entraram nessa conta.

A grande riqueza biológica brasileira é conseqüência da dimensão continental do País e de sua localização na região tropical do globo terrestre. Sem extremos de temperatura, com muita água e sol, a vida encontrou as melhores condições para se multiplicar. Agora imagine esses animais organizados em diferentes tipos de florestas: mais altas ou mais baixas, fechadas ou abertas, muito úmidas ou um pouco mais secas, inundadas ou em terrenos secos. Toda a grande variação dos ambientes permite pensar que ainda existem milhares de espécies por conhecer na Amazônia. E, de fato, o que sabemos ainda é pouco, mas muito importante para toda a humanidade.

OS CAMPEÕES DE BIODIVERSIDADE NO MUNDO

Quadro mostra os países com maior diversidade de espécies em quatro grupos

GRUPOS	1º Lugar	2º Lugar	3º Lugar	4º Lugar
Mamíferos	Brasil	Indonésia	China	Colômbia
Aves	Colômbia	Peru	Brasil	Equador
Répteis	Austrália	México	Colômbia	Indonésia
Anfíbios	Colômbia	Brasil	Equador	México

FONTE: CONSERVAÇÃO INTERNACIONAL – BRASIL (2005)

HÁBITOS DOS ANIMAIS

 Diurno   Noturno

O QUE ELES COMEM

Carnívoro
que se alimenta de carne

Frutívoro
que se alimenta de frutos

Insetívoro
que se alimenta de insetos

Herbívoro
que se alimenta de folhagem

Onívoro
que se alimenta de carne, insetos, frutos e folhagens

Fauna diversa

Veja o que você pode encontrar na floresta

Anfíbios

Constituem um grupo que vive em ambientes úmidos e terrestres. Fazem parte desse grupo o sapo, a perereca, a rã e a salamandra. Neles, a temperatura do corpo varia conforme a do ambiente e, através da pele úmida e pegajosa, os anfíbios absorvem água. Seus ovos, desprovidos de casca, necessitam de umidade constante. Os anfíbios encontram excelentes condições para viver na região amazônica. Seu ciclo de vida, geralmente, compreende duas fases: uma aquática, quando jovem, e a outra terrestre.

Aves

Na floresta amazônica ocorre uma das grandes concentrações de aves do mundo! Em algumas regiões há mais de 400 espécies. Esse grupo de animais possui penas, asas e bico córneo. É mais fácil escutar do que observar as aves na mata. A vocalização que elas emitem serve para comunicação, atração de parceiros e defesa do território.

Nem todas as aves voam. Algumas espécies, como a ema, podem correr com velocidade, enquanto outras, como a cigana, sabem nadar. O desmatamento, que destrói o ambiente, e a captura por traficantes de animais são importantes fatores para a redução de algumas espécies de aves.

Insetos

Existem milhares de espécies de insetos na Amazônia e muitas ainda são desconhecidas. Pesquisadores atribuem essa grande quantidade e variedade à diversidade e abundância de plantas na região. São animais invertebrados, que possuem o corpo dividido em cabeça, tórax e abdome.

Seus hábitos alimentares variam bastante. Alguns insetos se alimentam de néctar das flores, outros sugam a seiva das folhas ou sangue. Algumas espécies podem ajudar na polinização, outras na produção de mel, mas também existem aquelas que transmitem doenças, como o barbeiro.

Mamíferos

Mamíferos são animais que têm glândulas mamárias e capacidade de produzir leite para alimentar os filhotes. A maioria possui pêlos e um controle interno de temperatura. Os adultos podem se alimentar de carne, vegetais ou de ambos.

Por meio de pegadas é possível identificar vários mamíferos; a análise das fezes auxilia no estudo das dietas. Comparando o peixe-boi, que nada nos rios e pesa quase 500 kg, com o macaco-aranha, que pula entre galhos no alto das árvores e pesa 5 kg, podemos notar a grande variedade de mamíferos que vive na Amazônia. No total, se conhecem 427 espécies.

Peixes

Existe uma grande variedade de ambientes aquáticos na Amazônia. Calcula-se que deve haver ao redor de 3 mil espécies de peixes na região e, a cada ano, novas espécies são descobertas. A manutenção da diversidade está diretamente relacionada à conservação dessas áreas.

Os peixes têm como característica a presença de nadadeiras pares, brânquias e escamas. Eles retiram oxigênio da água para respirar. Na época das cheias, algumas espécies, como o tambaqui, nadam na mata inundada entre galhos e folhagens para se alimentar de frutas que caem das árvores. Muitas espécies de peixes encontram-se ameaçadas de extinção, quer por pesca excessiva, quer por deterioração do hábitat.

Répteis

Cobras, lagartos, tartarugas e jacarés fazem parte desse grupo. Quase 400 espécies já foram registradas na Amazônia. Réptil significa "rastejar". São vertebrados, com respiração pulmonar e pele resistente à perda de água. Os répteis são considerados animais de sangue frio, mas, na verdade, a temperatura do corpo é semelhante à do ambiente em que se encontram.

As tartarugas não têm dentes, apenas placas córneas ao longo das maxilas. Os lagartos são inofensivos e se alimentam de insetos. Já os jacarés possuem uma boca enorme, com muitos dentes. E a maioria das cobras não é venenosa. Porém, quem for picado por uma cobra peçonhenta precisa de tratamento médico e soro antiofídico.

Arara-canindé
Ara ararauna

ave

Bela, colorida e ameaçada
É muito apreciada por sua plumagem colorida: azul na parte superior do corpo, amarela na inferior e verde no alto da cabeça. Pode chegar a 1m de comprimento e pesar 1kg. O intenso tráfico da espécie contribuiu para o seu quase desaparecimento, mas ainda se pode encontrá-la em várzeas, com buritizais, e em beiras de matas de terra firme. Voa em bandos de mais de 30 indivíduos, às vezes por grandes distâncias (até 25 km), em busca de sementes e frutos nativos de casca dura. Aprecia os cocos do bacuri e frutos do jatobá, que quebra com seu bico forte e curvado. No final do dia, quando volta para dormir, ocorre muita agitação e gritaria nos poleiros coletivos. O casal permanece unido por toda a vida. Na época reprodutiva, as aves se separam do grupo e constroem seus ninhos em ocos de árvores altas, geralmente troncos mortos de palmeiras. Pode botar até 3 ovos. Os caçadores, ao fazerem sua captura, quase sempre derrubam a árvore, o que, na maioria dos casos, provoca a morte dos filhotes.

Bicho-pau
Phasmida

inseto

Parece um galho, mas não é
Também chamado de chico-magro ou maria-seca, é um inseto inofensivo que vive em árvores e arbustos na mata. Na região amazônica existem espécies que atingem até 27 cm. Tem pernas finas e compridas parecidas com gravetos ou galhos secos. Não voa, nem salta, apenas anda em marcha lenta. Quando pressente algum perigo, fica parado, balançando o corpo como se fosse uma haste ao vento. Usa essa camuflagem para se esconder de predadores, como pássaros. Algumas espécies podem emitir um fluido leitoso para se defender. Outras têm ainda o poder de regenerar membros perdidos. Alimenta-se de folhas e brotos, como de goiabeiras e pitangueiras. Os ovos parecem sementes de capim e são lançados pela fêmea sem nenhuma proteção especial no chão. O desenvolvimento do embrião é lento, pode levar vários meses até a eclosão do ovo. Quando nasce, a ninfa (forma jovem do inseto), estica o corpo e fica bem maior do que o ovo que a abrigava.

Boto-tucuxi
Sotalia fluviatilis

mamífero

Ele gosta de se exibir

Pode ser encontrado nos rios e lagos da região amazônica, principalmente em águas mais abertas e profundas. Devido à forma alongada do corpo, se desloca velozmente, porém tem dificuldade em nadar nas áreas de florestas inundadas, que exigem maior flexibilidade de movimentos. Para o acasalamento, procura águas mais calmas. Após um ano de gestação, nasce apenas um filhote, que se alimenta de leite materno durante os primeiros 6 meses de vida. Quando adulto, alimenta-se de peixes, podendo alcançar 1,50m de comprimento e pesar 50kg. Pesca em pequenos grupos, o que facilita o cerco dos peixes. Como todos os cetáceos, precisa emergir para respirar periodicamente. Pula, dá piruetas no ar e gosta de se exibir quando ouve o barulho de um motor ou de remos batendo na canoa. Sua caça ou perseguição é proibida em águas brasileiras. Os pescadores acreditam que maltratar o boto dá azar e atrai infelicidade. É nas redes de pesca que, acidentalmente, ele fica preso e morre afogado.

Boto-vermelho
Inia geoffrensis

mamífero

O bicho que deu origem à lenda

É o maior golfinho de água doce do mundo. Um macho adulto pode alcançar 2,5m de comprimento e pesar 180kg. Solitário ou com a mãe, pode nadar em rios de águas escuras ou claras. Tem a capacidade de emitir ondas de ultra-som, que retornam como eco, permitindo sua orientação em águas barrentas, com reduzida visibilidade. Locomove-se lentamente e retorna com freqüência à superfície d'água para respirar. Ativo, sobretudo no amanhecer e entardecer, alimenta-se de vários tipos de peixes. A gestação dura quase nove meses e os filhotes nascem na cor cinza, tornando-se rosados com o tempo. A principal causa de sua morte é a captura acidental nas redes de pesca e a contaminação dos rios. Diz uma lenda que, ao anoitecer, o boto se transforma num belo jovem, que gosta de dançar e beber. Como cavalheiro, seduz e conquista uma moça bonita e a leva para o rio. Tempos depois, quando ela aparece grávida, diz-se que o boto foi o responsável.

Cigana
Opisthocomus hoazin

O apelido é catingueira

Tem em média 60cm e pesa 800g. Possui penas azuis na cabeça e uma crista alta em forma de leque. É comum encontrá-la em bandos, pousando sobre galhos e arbustos próximos das águas. É ativa tanto de dia como de noite e pode emitir um som baixo e rouco. Os ninhos são construídos com gravetos nas copas baixas da floresta, onde a fêmea incuba de 2 a 3 ovos durante um mês. Quando jovem, possui garras afiadas na ponta das asas, que utiliza para escalar árvores quando ameaçada. Essas garras desaparecem com o tempo. Voa apenas poucos metros de forma desajeitada e cai com freqüência na água. Jovens e adultos podem mergulhar na água para fugir de predadores como cobras e macacos, pois sabem nadar. Alimenta-se apenas de folhas e capim novo, aprecia principalmente a aninga, planta abundante nas matas alagadas. A digestão é única entre as aves, parecida com a de ruminantes. No papo enorme, armazena e tritura a vegetação aquática e, no estômago, ocorre a fermentação com auxílio de bactérias. Esse processo exala um cheiro desagradável. Por isso é conhecida como catingueira.

Jacaré-açu
Melanosuchus niger

réptil

Ele precisa de calor

É o maior jacaré do Brasil. Seu corpo é preto com faixas amarelas. Alcança cerca de 3,5m de comprimento. Vive em rios, igarapés e lagos. Precisa tomar sol para manter a temperatura do corpo. No inverno, cava um buraco na beira do rio para hibernar. Alimenta-se de vários animais, como peixes, aves e mamíferos. Fica à espreita, com seu enorme corpo submerso, mantendo apenas olhos e narinas acima da linha d'água. Para capturar a presa, nada velozmente e até pula fora d'água, alcançando os galhos mais baixos. O acasalamento ocorre na água durante o período de estiagem. Na desova, a fêmea constrói um ninho de folhas e galhos na beira do rio, onde deposita de 30 a 50 ovos. A mãe protege os ovos e filhotes contra predadores, como carnívoros e cobras. É um dos animais mais temidos por atacar pessoas e criações. A pele tem alto valor no mercado internacional e sua carne é apreciada pelos moradores da região. No passado foi caçado à exaustão, mas hoje é protegido por lei e sua população é estável.

Macaco-aranha
Ateles belzebuth

mamífero

Ágil como um artista de circo

A pelagem é escura, os braços e pernas muito compridos. Alcança cerca de 50cm de comprimento e 5kg de peso. Vive no alto das árvores, de onde se desloca com agilidade, dando saltos longos. Fica pendurado pela cauda, que também serve como uma quinta mão, capaz de segurar com precisão pequenos objetos. Usa as mãos como gancho. Pode cair alguns metros para galhos mais baixos, mas raramente é visto no solo. Vive em pequenos grupos de 2 ou 3 indivíduos. Pela manhã, esses grupos saem à procura de alimentos, como folhas, frutos e sementes. À noite, dormem presos uns aos outros pela cauda. Costuma percorrer as mesmas rotas e retornar às mesmas árvores, o que facilita a captura pelos caçadores. Quando é surpreendido pelo homem, fica excitado, emite gritos e atira galhos para baixo sem direção. Também conhecido como coatá-preto, é apreciado como alimento pela onça e pelas populações humanas do rio Negro. Está entre as espécies ameaçadas de extinção.

Onça-pintada
Panthera onca

mamífero

O mais temido felino da floresta

Também conhecida por jaguar entre os povos indígenas, pode alcançar 2m de comprimento e pesar 150kg. Vive solitária em regiões da floresta com acesso à água. Seu rugido pode ser ouvido a centenas de metros. À noite, anda com agilidade pelas matas à procura de alimento. Corre, salta, nada e sobe em árvores com facilidade. Graças a essas habilidades, é capaz de caçar uma grande variedade de animais, como cotias, pacas, pássaros, macacos e até peixes. Ela se desloca contra o vento, aproxima-se silenciosamente e salta sobre o dorso da presa para carregá-la até um esconderijo, onde se alimenta. Após a refeição, costuma abandonar a área. Raramente ataca seres humanos, mas é perseguida pelo homem por causa de sua pele ou para proteção do gado nas fazendas.

mamífero

Peixe-boi
Trichechus inunguis

É grande, mas precisa de proteção!

Também chamado manati, alcança 3m de comprimento e pesa quase 500kg. É o único mamífero aquático totalmente herbívoro nos rios da Bacia Amazônica. Na estação chuvosa, passa o dia se alimentando de algas, aguapés e capins que crescem nas margens dos rios. Um adulto chega a comer 50kg de vegetais por dia. As fezes do peixe-boi fertilizam a água, servindo de alimento para outros seres vivos. Na seca, esse animal pode ficar sem se alimentar por semanas. Geralmente, a cada três anos nasce um filhote, que se alimenta de leite. A mãe possui duas tetas localizadas debaixo das axilas. Vive na água, mas precisa subir à tona para respirar, o que facilita sua localização por caçadores. Sendo um animal manso, aproxima-se dos barcos, ficando preso nas redes. Sua carne, óleo e couro são utilizados pelas comunidades da região. Onças, cobras e jacarés são seus predadores naturais, mas a caça indiscriminada e as mortes acidentais contribuíram para a redução drástica da população. Com a possibilidade de extinção, é protegido por lei.

Perereca-verde
Phyllomedusa tomopterna

anfíbio

Na copa de árvores?

Vive na parte mais alta das árvores, que ela consegue escalar. Seus movimentos são lentos e ela prefere andar a saltar. Desce para o chão apenas para procriar. É difícil observá-la de dia, pois dorme escondida sob a folhagem e a cor verde-grama de seu dorso confunde-se com a da vegetação. Ao entardecer, os machos descem até riachos ou poças d'água e começam a coaxar. As fêmeas chegam atraídas pela atividade de vocalização dos machos. Durante o acasalamento, o casal enrola uma folha em forma de funil, onde deposita de 40 a 80 ovos. Após 7 dias, os girinos nascem e caem lentamente na água, onde permanecem por quase 2 meses, até a metamorfose. Alimenta-se de grilos, gafanhotos, insetos e larvas de insetos. Algumas espécies de insetos utilizam os ovos da perereca-verde para alimentar suas larvas, o que é uma forma de colaboração da natureza. Estudos recentes revelaram que a pele do animal elimina uma secreção que pode ser usada na fabricação de antibióticos.

Preguiça-real
Choloepus didactylus

mamífero

É lenta, mas não preguiçosa
Vive geralmente só, pendurada em árvores altas, de costas para o chão, sem se mexer. Vive nos galhos com ajuda de garras compridas e curvadas nos dedos e esconde-se entre as folhagens durante o dia, enquanto dorme. Sua pelagem acinzentada cresce do ventre para o dorso, o que torna mais fácil escorrer a água da chuva. Pode apresentar manchas esverdeadas, resultantes do desenvolvimento de algas. Sua dieta é composta por folhas novas e brotos, como da embaúba. Alimenta-se e se reproduz na copa das árvores, onde nasce, em média, um filhote por ano. Nos raros momentos em que desce ao solo para defecar, fica exposta ao seu maior predador, que é a onça-pintada. A preguiça, que no chão anda mal e devagar, consegue se locomover melhor de uma árvore para outra. É capturada e comercializada ilegalmente pelo homem, que também pode matá-la por medo. É inofensiva, mas quando precisa se defender, dá um forte "abraço" no inimigo, penetrando suas garras nele.

Pirarucu
Arapaima gigas

peixe

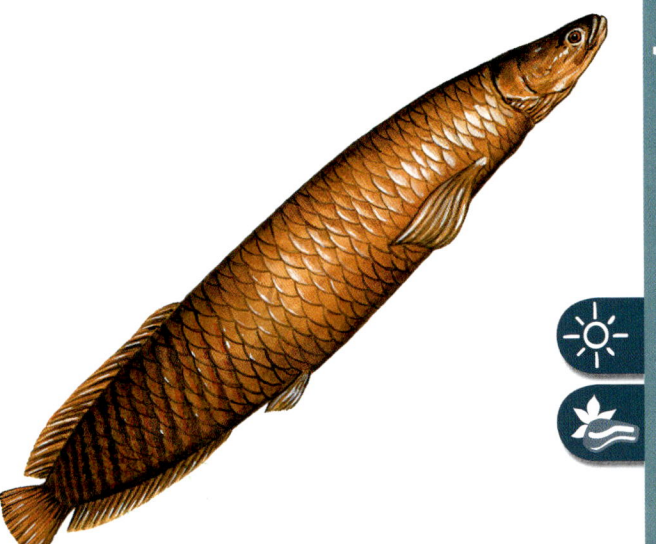

Iguaria amazônica

Nativo da Bacia Amazônica, é um dos maiores peixes de água doce, podendo alcançar 3m de comprimento e 250kg. Prefere nadar em águas rasas, de pouca correnteza, como lagos e pequenos rios de águas claras. Alimenta-se de peixes, caramujos, tartarugas, cobras, gafanhotos, aves e plantas. No período de estiagem, o casal escava um ninho em fundo de areia, onde deposita os ovos. Nos primeiros meses de vida, os alevinos nadam em torno da cabeça do pai, próximo à superfície d'água, para aprender o exercício de emergir e respirar, e são recolhidos na boca dos pais em caso de ameaça. Nessa ocasião, o pirarucu se expõe ao perigo, tornando mais fácil sua captura pelos pescadores. A pesca é proibida no período da desova; nos outros meses, somente peixes maiores que 1,5m podem ser capturados. A população ribeirinha aprecia a sua carne, com a qual prepara pratos típicos, como "pirarucu de casaca". Algumas tribos indígenas utilizam sua língua áspera como ralador de guaraná em bastão.

Surucucu
Lachesis muta

Tamanho impõe respeito

É a maior de todas as cobras peçonhentas brasileiras, chegando a medir 3m de comprimento. Possui coloração amarelo-alaranjada com manchas escuras em forma de losango pelo corpo. A ponta da cauda é óssea, afilada e coberta de escamas. É uma cobra terrestre que vive escondida debaixo de folhas e galhos secos nas matas próximas de rios e lagos. À noite, sai para caçar roedores e pequenos mamíferos, seguindo sua presa pelo odor e pela trilha quente que deixa. Como faz isso? Com ajuda de um pequeno orifício que tem entre o olho e a narina, capaz de perceber pequenas variações de temperatura. É muito temida, devido a seu tamanho e agressividade, mas raramente ataca o homem. Ela avisa quando se sente ameaçada, batendo com a ponta da cauda nas folhagens. Quando alguém é picado, seu potente veneno pode provocar hemorragias, edemas ou gangrena, levando à morte. Diante de situações perigosas, como a de um temporal que se aproxima, os moradores da região usam a expressão: "olha a boca da surucucu".

Tambaqui
Colossoma macropomum

peixe

Peixe que nada contra a corrente

Solitário e pacífico, pode ser encontrado em águas profundas. Entra na mata inundada na época da cheia à procura de alimentos, que encontra com ajuda do seu olfato. Aprecia especialmente frutos e sementes, como os da seringueira, que espera cair na água e tritura com os dentes molares. Quando não encontra alimento, vive da gordura acumulada nos meses de fartura. Mede cerca de 90cm de comprimento e pesa 30kg. A reprodução ocorre na época das chuvas, depois de alcançar no mínimo 55 cm. No período da estiagem, os jovens vivem nos lagos de várzeas enquanto os adultos migram contra a corrente para os rios de águas barrentas, em cujas margens depositam os ovos. Sua pesca esta proibida na época da reprodução. Por sua carne branca e saborosa, é um dos peixes mais apreciados na Amazônia. É criado com sucesso em cativeiro para comercialização.

Tartaruga-da-Amazônia
Podocnemis expansa

réptil

Vive mais de 100 anos

É um dos maiores quelônios de água doce do mundo. Além de grande, pode viver mais de cem anos. A fêmea pode alcançar até 80cm de comprimento e 60kg de peso. Diurno prefere nadar em águas calmas e quase não sai da água. De vez em quando toma sol para manter a temperatura do corpo. Vive em grupos e se alimenta de frutas que caem das árvores, camarões e peixes. Na época da reprodução, procura praias desertas ao longo dos rios para fazer a desova. À noite, escava buracos na areia e deposita de 80 a 200 ovos, que eclodem após cerca de 48 dias, chocados nas areias quentes. Os filhotes nascem e correm direto para a água, onde se alimentam de pequenos peixes e plantas aquáticas. Seus predadores naturais são o jacaré, a onça-pintada, a piranha e alguns peixes grandes. A população da região aprecia seus ovos como fonte de alimento e utiliza o óleo para abastecer lampiões. A caça dessas tartarugas e a coleta dos ovos estão proibidas.

Tucunaré
Cichla spp

peixe

Um predador persistente

Vive nas bacias do rio Amazonas e do Araguaia-Tocantins. Existem diferentes espécies desse peixe que pertence ao gênero *Cichla*. O tamanho pode variar bastante, mas normalmente tem cerca de 50cm de comprimento e 5kg de peso. Prefere se abrigar em águas calmas, perto de margens que tenham arbustos, troncos e rochas. Alimenta-se principalmente de outros peixes, mas também aprecia pitus e insetos. É predador persistente que persegue a presa até conseguir capturá-la. Durante a caça, abandona a segurança da margem. É mais ativo no início do dia e no final da tarde. O período de reprodução geralmente ocorre no início das enchentes, quando o casal encontra um abrigo de pequenas pedras em águas rasas e divide a responsabilidade de proteger ovos, larvas e filhotes. Enquanto o adulto vive solitário ou em pares, os peixinhos formam cardumes fáceis de detectar na superfície d'água.

Tucano-de-peito-branco
Ramphastos tucanus

Para que serve um bico tão grande?

É ave típica da Amazônia, mas a população vem diminuindo por causa da captura e venda ilegais. Vive em casais, tanto nas matas próximas a cursos d'água como nas copas de árvores em terra firme. Voa curtas distâncias em fila indiana. Mede aproximadamente 55cm e pesa pouco mais de 500g. Tem um enorme bico alaranjado, com o qual costuma pinçar frutos e sementes, que engole para depois expelir o caroço, contribuindo assim para a dispersão de sementes na mata. Também se alimenta de insetos e lagartos e, quando a fome aperta, é capaz de saquear ninhos de aves menores atrás de ovos e filhotes. Seus ninhos são construídos em ocos de árvores. Não consegue perfurar a casca da árvore com seu bico, apenas ampliar uma cavidade já existente. Pode reutilizar ninhos abandonados de pica-paus, onde abriga 2 ou 3 filhotes, em média. Canta bastante durante o dia. Também gosta de brincar simulando duelos com os bicos.

Uirapuru
Cyphorhinus arada

Quando ele canta, a floresta silencia
É um pássaro típico da Amazônia, mais conhecido pela beleza de seu canto do que pela sua plumagem marrom avermelhada. Tem aproximadamente 12cm de envergadura. Pode ser encontrado em várzeas e matas de terra firme. Vive só ou convive em bandos com outras espécies, escondido entre as folhagens. Desloca-se com rapidez entre os galhos mais baixos da floresta. A alimentação é à base de insetos. Costuma seguir bandos de formigas que, na sua marcha, espantam diversos insetos de seus esconderijos, facilitando sua captura pela ave. Constrói o ninho com gravetos em arbustos baixos. O belo canto se assemelha ao de uma flauta doce. Assim, domina seu território e atrai as fêmeas durante a época de acasalamento. Existem várias lendas sobre o uirapuru. Uma delas conta que, numa tribo de índios, duas moças amavam o mesmo cacique. Aquela que não foi escolhida teve que ser consolada por Tupã, que a transformou num passarinho de canto melodioso. A ave inspirou o famoso compositor brasileiro Heitor Villa-Lobos a compor o poema sinfônico *Uirapuru*.

Qual o tamanho da floresta?

É um dos maiores biomas do Brasil, sendo formado por inúmeras paisagens

Quando pensamos na Amazônia lembramos de uma grande floresta, de um extenso rio, de povos da floresta (indígenas, caboclos, seringueiros, ribeirinhos e outros). Ao olharmos de perto encontramos também cidades, migrantes de todas as regiões do Brasil, diferentes tipos de florestas e rios.

A Amazônia é imensa! À primeira vista é formada por vastas extensões de matas, aparentemente uniformes e contínuas, cortadas por uma infinidade de cursos de água. Mas a Amazônia é um mosaico de paisagens naturais e culturais. A maior diversidade de etnias e línguas indígenas no continente americano está nessa região. São 6 milhões de km^2 que abrangem 44% do Brasil, e porções na Bolívia, Colômbia, Equador, Guiana, Guiana Francesa, Suriname e Peru. É o dobro do território da Índia!

Por que o rio se chama Amazonas?

"Em 1541, o explorador espanhol Francisco de Orellana percorre, desde as suas nascentes nos Andes peruanos, a 160 km do oceano Pacífico, até atingir o oceano Atlântico, o rio que batiza de Amazonas. Um religioso chamado Vicente de Gaspar Carvajal acompanha Orellana, de Quito a Belém, e em seu diário anotou informações sobre um grupo hostil de mulheres. Carvajal passa a chamar o grande rio de "rio de las Amazonas" em referência ao mito grego das mulheres guerreiras "muito alvas e altas, com cabelo muito comprido, trançado e enrolado na cabeça". Mas o rio não tem um único nome. É chamado de Paranatinga e Paruaçu (em tupi), Guieni (em aruaque), de Mar Dulce, rio de Orellana, San Francisco de Quito, Marañon, el rio de las Amazonas, estes, nomes espanhóis."

Adaptado de Meirelles Filho, João. *O livro de Ouro da Amazônia*, 2004:47

NÚMEROS IMPORTANTES

Amazônia continental – **50%** da superfície da América do Sul

Amazônia brasileira – **44%** do território brasileiro

Amazônia no mundo – **5%** do território de terra firme no mundo

Extensão da fronteira com outros países – **11.248** km

Extensão de litorais – **1.482** km

Ameaças à Amazônia

Veja onde reside o perigo à floresta

✳ A expansão das pastagens de gado

✳ A expansão da agricultura da soja

✳ A exploração predatória de madeira

✳ Os grandes latifúndios e assentamentos agrícolas voltados para pastagens e agricultura com desmatamento

✳ O narcotráfico e a guerrilha

✳ O tráfico de animais e plantas e a biopirataria

✳ A caça predatória de animais silvestres

✳ O garimpo

✳ A pesca predatória

Vocações da Amazônia

A importância e algumas oportunidades de uso dos recursos locais. Veja quais são as principais:

- Grande volume de água
- Contribuir no controle do clima
- Conservação da biodiversidade tropical
- Proteção da sociodiversidade e dos saberes dos povos da floresta
- Agroflorestas e outras áreas produtivas
- Obtenção de remédios da floresta
- Extração de alimentos (raízes, frutas e sementes)
- Artesanato
- Exploração manejada de produtos não florestais (frutas, essências, fibras)
- Extração manejada de madeiras
- Extração de minerais de forma ambientalmente correta
- Ecoturismo e estudos do meio
- Aqüicultura, pesca de subsistência e pesca esportiva

Não se engane!

Muitas idéias erradas foram divulgadas sobre a Amazônia. Veja quais são as principais:

A Amazônia é o pulmão do mundo
Todo mundo sabe que os vegetais produzem oxigênio. Sabemos que eles produzem muito mais oxigênio durante o crescimento. Mas as plantas também respiram consumindo oxigênio. Além disso, quando adultas, produzem menos do que quando jovens. Portanto, a Amazônia produz muito oxigênio, mas também consome muito e, como as florestas são maduras, não produzem tanto como se pensava. A Amazônia é muito importante para o clima da Terra. Regula umidade, contribui para a formação de chuvas, atenua os efeitos da radiação solar direta sobre o solo. Será um desastre para o planeta a perda de suas florestas, pois os efeitos podem mudar o clima global.

A Amazônia é um vazio populacional
Durante algum tempo o governo militar queria que o povo brasileiro acreditasse que na Amazônia não havia gente. Essa visão pretendia incentivar a migração e o loteamento das terras amazônicas. Mas como tratar como vazio um território com mais de 20 milhões de pessoas e 170 povos indígenas! Como não considerar os caboclos, os ribeirinhos, os seringueiros e tantos outros que habitam a floresta e as cidades da região!

A floresta existe sobre o deserto
Como alguns solos da Amazônia são arenosos, pensou-se que as florestas ocorriam sobre um deserto. Mas na Amazônia há muitos tipos diferentes de solos. Há variações também de clima, relevo e tipos de rochas. Dessa grande variedade é que surgem os tipos de vegetação, não apenas florestais, mas também de cerrados, campinaranas e campos.

A Amazônia deve ser o celeiro do mundo
É a idéia mais absurda de todas. Retirar a floresta para criar gado ou praticar a monocultura é um crime contra a riqueza de vida que a Amazônia possui. O verde das matas e a quantidade de água é que estimularam essa idéia tosca de que a Amazônia deveria ser o celeiro de alimentos do mundo.

A Amazônia é o antigo Eldorado
Este mito ainda atrai milhares de garimpeiros e aventureiros à região. Acreditava-se que na Amazônia havia muito ouro. Há ouro e diamante, sim, e muito. Porém, sua transformação em riqueza econômica é duvidosa e degrada os bens mais valiosos da região: suas águas e biodiversidade.

A Amazônia é uma planície inundável
Não é. As várzeas e igapós representam uma parcela muito pequena da área de floresta.

Bibliografia

✷ Ambientebrasil (portal ambiental)
  http://www.ambientebrasil.com.br

✷ **Associação Amigos do Peixe-boi**
  http://www.amigosdopeixe-boi.org.br

✷ Fundação Parque Zoológico de São Paulo
  http://www.zoologico.sp.gov.br/

✷ **Instituto Brasileiro do Meio Ambiente e dos Recursos Naturais Renováveis (Ibama)**
  http://www.ibama.gov.br

✷ Instituto Nacional de Pesquisas da Amazônia
  http://www.inpa.gov.br/

✷ **Museu Paraense Emilio Goeldi**
  http://www.museu-goeldi.br/

✷ Project Amazonas
  http://www.projectamazonas.com/

✷ Saúde Animal
  http://www.saudeanimal.com.br/

✷ GUIA PHILIPS AMAZÔNIA. **São Paulo, Ed. Horizonte, 2001.**

Para ler várias reportagens sobre a Amazônia, acesse
www.horizontegeografico.com.br/revista